본격 대결 과학실험 만화

내일은 실험왕 ⑮

본격 대결 과학실험 만화

내일은 실험왕 ⑮ 지진의 대결

글 곰돌이 co. | 그림 홍종현 | 감수 박완규, 이창덕 | 채색 박경원, 이재웅, 손은주 | 사진 POS 스튜디오, Shutterstock, Wikipedia
펴낸날 2010년 10월 22일 초판 1쇄 | 2016년 5월 30일 초판 7쇄
펴낸이 김영진 | 부문장 권혁춘 | 본부장 조은희
개발실장 박현미 | 기획·편집 문영, 이영, 박소영, 이지웅, 전아랑 | 디자인 박남희, 이유리, 박지연
사업실장 김경수 | 영업팀장 이주형, 천용호 | 영업팀 김위용, 정원식, 최병화, 한정도, 이찬욱, 김동명, 전현주, 정슬기, 이강원, 정재욱
마케팅팀장 민현기 | 마케팅팀 김재호, 정슬기, 엄재욱, 김은경, 류다현
펴낸곳 (주)미래엔 서울특별시 서초구 신반포로 321 | 문의 미래엔 고객센터 1800-8890 팩스 02)541-8249
출판등록 1950년 11월 1일 제16-67호 | 홈페이지 http://www.mirae-n.com

ISBN 978-89-378-4767-7
ISBN 978-89-378-4773-8(세트)

이 도서의 국립중앙도서관 출판예정도서목록(CIP)은 서지정보유통지원시스템(http://seoji.nl.go.kr)과
국가자료공동목록시스템(http://nl.go.kr/ecip)에서 이용하실 수 있습니다. (CIP 제어번호 : CIP2010003657)

사용연령 8세 이상
파본은 구입처에서 교환해 드리며, 관련 법령에 따라 환불해 드립니다. 다만, 제품 훼손 시 환불이 불가능합니다.
값은 뒤표지에 있습니다.

본격 대결 과학실험 만화

내일은 실험왕 ⑮

글 곰돌이 co. | 그림 홍종현

MiraeN 아이세움

차례

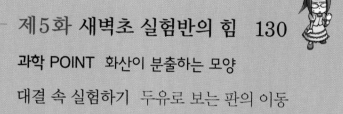

등장인물

범우주

소속 새벽초등학교 실험반.

관찰 내용

- 대결을 앞두고 새벽초 실험반에 흐르는 이상한 기운을 감지한다.
- 인간은 이기적이라는 에릭의 충고에 마음이 흔들려, 주변 사람들이 자신에게 이기적으로 군다고 생각한다.
- 사이가 어색해진 친구들에게 찾아가 먼저 손 내민다.

관찰 결과 뒤죽박죽 엉킨 매듭을 풀기 위해 나서는 의리의 행동파!

강원소

소속 새벽초등학교 실험반.

관찰 내용

- 저조한 컨디션 탓에 평소보다 한층 더 까칠하다.
- 우주 대신 실험을 보조하면서, 우주의 수고를 새삼 확인한다.
- 고열에 시달리면서도 수업만큼은 빠지지 않는 강인한 정신력의 소유자.

관찰 결과 찔러도 피 한 방울 안 날 것처럼 강인해 보이지만, 사실은 누구보다도 보살핌이 필요하다.

나란이

소속 새벽초등학교 실험반.

관찰 내용

- 다른 사람의 문제도 내 일처럼 생각하며 나서서 도와주려고 한다.
- 만사 다 제치고 아픈 원소를 도우러 가지만, 생각지도 못한 원소의 비난에 크게 충격을 받는다.
- 지만이가 초롱이를 좋아한다는 사실을 알고 당황한다.

관찰 결과 초롱이의 마음을 누구보다 잘 알기에 사랑의 메신저 역할을 자처하지만, 성급한 행동이었음을 깨닫게 된다.

하지만

소속 새벽초등학교 실험반.

관찰 내용

- 초롱이에게 성의 없이 대하는 우주에게 절교를 선언한다.
- 우주를 좋아하는 초롱이의 마음을 존중해 주고 싶지만, 자기보다 잘난 거 하나 없어 보이는 우주 때문에 쉽게 포기가 안 된다.

관찰 결과 사랑과 우정 사이에서 갈등하지만, 먼저 화해를 구하는 우주에게 마음을 연다.

유진

소속 구만초등학교 실험반.

관찰 내용

- 3차 대결 상대인 우주가 예전처럼 편하지만은 않다.
- 우주와 라이벌이 되자 주변 친구들의 눈을 의식한 듯 우주를 피해 다니지만, 뒤에서 몰래 우주를 돕는다.

관찰 결과 지금은 대결 때문에 우주와 잠시 거리를 두지만, 마음속 깊이 우주를 생각하고 있다.

김초롱

소속 새벽초등학교 태권도반.

관찰 내용

- 호시탐탐 우주에게 고백할 타이밍을 노리지만, 너무 긴장한 나머지 고백은커녕 실수를 저지른다.
- 기적처럼 찾아온 또 한 번의 고백 기회를 놓치지 않는다.

관찰 결과 우주의 마음이 자신과 다르다는 것을 알면서도 멋지게 고백에 성공하고, 한층 더 성숙해진다.

기타 등장인물

❶ 새벽초 실험반의 갈등 해결사 **가설 선생님**.

❷ 본선 진출만을 학수고대하는 **새벽초 교장**.

❸ 새벽초 실험반의 알 수 없는 기운에 눌린 **태양초 교장**.

❹ 인간은 모두 이기적이라 믿고 있는 **에릭**.

제1화

같은 공간, 다른 생각

그, 그렇지.

너, 새벽초등학교 실험반이었어?

헤...

으, 응.......

안타깝게도 그, 그렇네.

주뻣

주뻣

대회 중에 상대 팀이랑 한가하게 놀러 다닐 시간은 없을 텐데.

뜨악!

앗, 강원소!

아, 아무래도 너희 승리를 축하하는 자리니까, 난 빠지는 게 낫겠다.

너도 알지? 원소 녀석 까칠한 거!

어색

어색

그, 그래. 그게 조, 좋겠다!

어, 어서 가 봐.

우리는 괜찮아!

어색

어색

어색

지구의

모든 것은

순환하고 있다.

얘들아?

맞아요! 물에 열을 가하면,

뜨거워진 물은 떠오르고 차가운 물은 가라앉을 거예요!

그래, 액체는 열을 받으면 팽창하면서 밀도가 낮아지기 때문에,

위에 있던 밀도가 높은 물이 아래로 내려가게 되지.

차가운 물

뜨거운 물

오옷, 찻잎이 움직이기 시작했어요!

아, 규칙이 있어요! 중심부에서 바깥쪽으로 궤도를 그리며 움직여요~!

이건 열을 받아 뜨거워진 중심부에서 덜 뜨거운 바깥쪽으로도 물이 이동하고 있다는 거예요!

그래, 어떤 거지?

그, 그건……

대류입니다!

온도가 높아진 물의 흐름을 따라 열이 이동했으니, 물질이 이동함으로써 열이 전달되는 대류 현상입니다.

그래, 정답이다. 지구의 물질이 순환하는 데 가장 큰 역할을 하는 것이 바로 대류란다.

공기도 대류하고 바닷물도 대류하고 대륙도 대류하면서, 지구는 끊임없이 순환하지.

대륙이라면……, 땅이잖아요.

땅이 돌고 돈다는 거예요?

쿠쿠쿠쿠

그 궁금증은 야외 실험에서 풀어 주마.

탁

필요한 준비물을 적어 줄 테니, 우주 네가 준비해 주겠니?

그런 중대한 임무는 당연히 제가 해야죠!

다들 잘 들었냐? 이건 바로 믿을 만한 제자는 나뿐이라는 말씀이다!

하 하 하

……

대체 분위기가 왜 이래……?

썰 렁

위, 위험한 약품도 있으니 조심해야 한다.

걱정 마세요.

하 하 하 하

헤 헤 헤

쮜이이이이……

아직 몸이 다
회복된 게 아니었어.
지금 상태로는 3차전까지
힘들어…….

어쩌면 내가 초롱이를
도울 수 있을지도 몰라.

우정이냐, 사랑이냐!!
내겐 둘 다 소중해…….
어쩌지?

실험 1 습곡 만들기

우리나라의 백두산이나 일본의 후지산은 화산 활동의 결과로 형성된 산입니다.
산은 이렇게 화산 활동으로 생기기도 하지만, 알프스 산맥이나 히말라야 산맥과 같은
대규모 산맥들은 퇴적된 지층이 옆으로 미는 힘을 받아 물결 모양으로 휘어지는
습곡 작용으로 만들어집니다. 지층이 휘어져 습곡을 이루는 과정을 간단한 실험을
통해 알아봅시다.

준비물 식빵 3장, 칼, 땅콩버터, 딸기 잼

❶ 식빵의 갈색 테두리를 잘라 내고
흰 부분만 남깁니다.

❷ 식빵에 땅콩버터를 듬뿍 바르고
다른 식빵을 덮은 다음, 딸기 잼을
바르고 나머지 식빵을 덮습니다.

❸ 식빵을 양손으로 잡고 안쪽으로
천천히 힘을 주어 모읍니다.

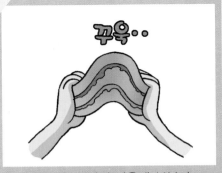

❹ 힘을 받은 식빵의 가운데 부분이
휘어지면서 볼록하게 올라옵니다.

왜 그럴까요?

지구를 둘러싸고 있는 단단한 지각은
10여 개의 조각들로 나누어져 맨틀 위에
둥둥 떠서 움직이는데, 이때 움직이는
조각 하나를 '판'이라고 합니다. 판과 판이
서로 부딪힐 때 암석이 휘어지면 습곡
작용이 일어나고, 이렇게 휘어진 습곡은
여러 개의 높고 험준한 습곡 산지를

히말라야 산맥의 생성 원리.

형성하기도 합니다. 아시아 판과 인도 판 사이에서 압력을 받아 형성된 히말라야
산맥은 현재도 습곡 작용이 진행 중이어서, 매년 아주 조금씩 높아지고 있습니다.

실험 2 단층 만들기

지층은 미는 힘을 받아 습곡을 만들기도 하지만, 계속해서 휘어지다가 더 이상 견딜
수 없는 상태가 되면 끊어져 어긋나게 됩니다. 이처럼 외부의 힘을 받아 끊어진
지층을 단층이라고 하며, 단층이 생길 때 발생하는 충격으로 지진이 발생합니다.
지층이 끊어지는 원리와 현상을 간단한 실험을 통해 확인해 봅시다.

준비물 넓고 판판한 스티로폼

❶ 스티로폼의 양쪽 끝을 밀어 구부려
봅니다.

❷ 스티로폼에 더 세게 힘을 주면서
관찰합니다.

③ 스티로폼이 끊어질 때 손에
전해지는 감각을 느껴 봅니다.

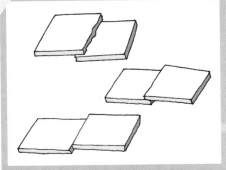

④ 조각난 스티로폼을 여러 방향으로
놓아 봅니다.

왜 그럴까요?

단층은 지층에 수평으로 작용하는 미는 힘(횡압력)이나 당기는 힘(장력)을 받아
만들어집니다. 단층의 원리는 습곡과 마찬가지로 판의 움직임 때문입니다.
맨틀 위에 떠 있는 판은 서로 부딪히거나 밀고, 때로는 스쳐 지나가기도 하는데,
이때 두 판이 닿는 경계에서 단층선이 생깁니다. 단층선 주위의 암석은 압력을
받으면 변형되고 균열이 생기며, 압력이 더 커져서 암석이 쪼개져 어긋나면
지진이 발생하기도 합니다.
단층면을 기준으로 위쪽의 지각을 상반, 아래쪽의 지각을 하반이라고 하며,
이때 지각은 지층에 작용하는 힘의 방향에 따라 다른 모양을 갖게 됩니다.
단층의 종류에는 지층이 좌우로 끄는 힘을 받아 상반이 하반보다 내려간 정단층,
좌우로 미는 힘을 받아 상반이 하반보다 올라간 역단층, 앞뒤로 힘을 받아 수평으로
움직인 주향 이동 단층 등이 있습니다.

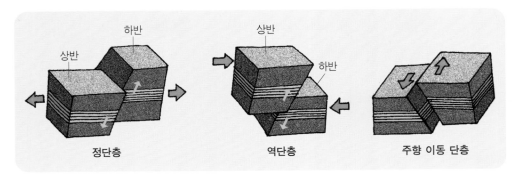

정단층   역단층   주향 이동 단층

분열된 초대륙

얘들이 나한테 왜 이러지?

점심 식사 후에
야외 실습장에서 보자꾸나.

네.

…….

얘들아, 잠깐만!
너희에게 할 말이 있어.

응?

에헴!

특별히 너희에게 야외 실험을 준비하는 중요한 임무에 참여할 수 있는 기회를 주겠어!

선착순 세 명!

그냥 도와 달라고 하면 되지, 뭘 그렇게 어렵게 말하냐?

그래, 혼자는 무거울 거야.

우리가 도와줄게.

역시~. 너희도 이 중요한 임무에 함께하고 싶었구나?

히 히 히

전체 연습실로 가면 되겠지?

응, 실험 재료는 대부분 거기에 있으니까.

선생님이 신청서도 써 주셨고.

게다가 란이가 도와주면 준비물도 금방 찾을 거야!

넌 좋아해.

아, 그렇지!

원소야, 잠깐만!
아직 조심해야
하는데…….

누가 원소를
좀…….

도와줘야
하지 않을까?

그럼 란이 네가 가 봐.
우주는 내가 도와줄게.

정말?

그, 그럴래?
그럼 부탁해.

우주야, 미안.

그,
그래.

걱정 마.

이따 봐.

아~, 마음도 곱지!
병든 자를 보살피는
천사와 같구나!

원소 녀석의
허약함이 부럽도다.

같이 가,
원소야!

그만 가자.

버럭!

그럼 내가 일을 더 망치기 전에 사라져 줄 테니까,

너 혼자 잘해 봐!

뭐, 뭐?

움찔

야, 하지만! 갑자기 왜 그래?

터벅

터벅

부글 부글 부글 부글 부글

으으······.

그래! 잘~가라! 네 도움 따위 나도 필요 없어!!

중크롬산암모늄까지 찾아야 하는데……. 이런 위험한 실험 재료도 있을까?

저기……

그, 그럼 난 이만 가 볼게.

친구들이 기다릴 거야……

밥 먹으러 가는 거 아니었어?

벼, 별로 배가 안 고프네. 그럼 나중에 봐.

꼬르륵 꼬륵

후다다닥 꼬로록 꼬록 꼬록

꼬르륵 소리 다 들리거든?

뭐야, 유진까지……

다들 왜 저러는 거야?

도통 알 수가 없네~!

제멋대로 남의 일에
참견하는 게
재미있어?

두근

세상 모든 일이
네 도움 없이는
안 될 것 같지?

상대방 의사는
안중에도 없이,
무턱대고 도와주겠다며
달려드는 사람!

휙...

딱 질색이야!

상대방의 의사는
신경 쓰지
않는다고?

내. 내가?!

43

원래 사람은 모두 자기 자신을 최우선으로 생각해.

인간은 기본적으로 이기적인 동물이거든. 단지 그 때문이야.

너한테만 그러는 게 아니라고.

사람은 원래 이기적인 동물이라고?

자신의 이익, 자신의 감정, 자신이 원하는 것이 제일 중요하다고 생각하지.

물론 나도 그렇고.

위험

너도 다르지 않아.

네가 찾던 게 이거야?

동크ㄹ

촥··

응, 거기 숨어 있었구나?!

크앙

와!

이게 좋겠군.

두유는 왜?

먹고 싶어~

지구 내부의 구조는,

내핵과 외핵, 맨틀, 그리고 우리가 서 있는 지각으로 이루어져 있지.

지각
맨틀
외핵
내핵

헤○○○○

대체 뭔 소리야? 핵? 맨틀?

지구 안에 그런 게 들어 있다고?!

아! 마, 맞아. 나도 들어 본 것 같아.

내핵
외핵
맨틀

알프레트 베게너(Alfred Lothar Wegener)

©Wiki

알프레트 베게너(1880~1930)
대륙 이동설을 발표하여
지질학의 기초를 세운
독일의 지구 물리학자입니다.

알프레트 베게너는 독일의 기상학자이자 지구 물리학자로, 지구 표면의 형태에 관한 연구를 통해 대륙 이동설을 발표하여 판 구조론의 기초를 마련하였습니다. 그는 세계 지도를 관찰하던 중 우연히 대서양의 양쪽 해안선인 남아메리카 동안과 아프리카 서안이 서로 들어맞는다는 것을 발견했습니다. 이를 통해 과거에는 대륙이 하나였을지도 모른다는 생각에 이르게 된 베게너는 자신의 생각을 입증하기 위해 수많은 증거 자료를 수집하여 대륙 이동설을 주장했고, 1915년 〈대륙과 해양의 기원〉을 출간하며 자신의 이론을 확장시켰습니다.

대륙 이동설은 지구의 대륙들이 오랜 과거에는 한 덩어리로 붙어 있다가 갈라져 이동하여 현재와 같은 분포를 이루게 되었다는 이론입니다. 베게너는 퍼즐처럼 정확히 일치하는 각 대륙의 해안선들, 서로 다른 대륙임에도 이어지는 산맥의 형태, 북극의 지층에서 발견된 열대 식물들의 화석, 유럽과 북아메리카 대륙에 동일하게 매장된 광물 등을 이 이론의 증거로 제시했습니다. 하지만 베게너는 결정적으로 대륙이 이동할 수 있는 힘에 대해 설명하지 못해 당시 과학자들에게 비웃음을 받았고, 50세 때 그린란드 탐험 중 실종되고 말았습니다.

그의 이론은 잊혀지는 듯했지만, 1950년대에 들어 대륙을 이동시키는 힘의 근원에 대한 새로운 증거들이 발표되면서 다시 주목받기 시작했습니다. 그리하여 베게너가 죽고 30여 년이 지난 후에야 대륙 이동설이 인정받으며, 판 구조론으로 발전하게 되었습니다.

2억 5천만 년 전 판게아 　　　　현재의 여섯 대륙

대륙 이동설에 따른 대륙의 분포.

우리 렁이~, 머리!

옳지, 옳지! 넌 천재 지렁이야! 주인을 닮은 게지!

하 하

척

이, 이건!

지, 지진?!

쾅 우르르

그냥 책을 떨어뜨린 거예요.

으아아악~! 쥐 박사 살려!! 난 150살까지 살 거라고!

히익~

어, 어쩐지 우리 렁이가 아무 반응 없더라니.

귀찮아서 죽은 척하는 거겠죠.

잠 잠

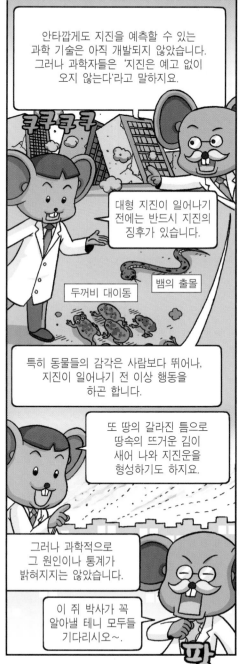

안타깝게도 지진을 예측할 수 있는 과학 기술은 아직 개발되지 않았습니다. 그러나 과학자들은 '지진은 예고 없이 오지 않는다'라고 말하지요.

쿠쿠쿠쿠

대형 지진이 일어나기 전에는 반드시 지진의 징후가 있습니다.

뱀의 출몰

두꺼비 대이동

특히 동물들의 감각은 사람보다 뛰어나, 지진이 일어나기 전 이상 행동을 하곤 합니다.

또 땅의 갈라진 틈으로 땅속의 뜨거운 김이 새어 나와 지진운을 형성하기도 하지요.

그러나 과학적으로 그 원인이나 통계가 밝혀지지는 않았습니다.

이 쥐 박사가 꼭 알아낼 테니 모두들 기다리시오~.

팡

제3화

비커와 함께 깨진 우정

준비물도 다 못 챙겼는데
사고까지 치다니…….

준비물?
뭐, 뭐가 더
필요한데?

말만 해,
우주야!

실험반인 나도 구하기
힘든 약품이야.

네가 그걸 어떻게
찾는다고 그래?

저……,
우주야.

나 사실…….

하, 할 말이
있는데…….

뭔데? 나 다시
비커 가지러
들어가야 하니까,

빨리
말해.

두 리 번

응?

어디 갔지?

두 리 번

휑

어? 하지만!

......

휙

역시 양심에
찔렸나 보군!

좋아, 내 넓은
아량으로 용서하고
도울 기회를 주지.

마침
비커도
필요하고.

성 큼

성 큼

벌 떡

지진은 지구 상의
자연재해 중,

그 규모와 파괴력이
가장 크다.

역사상 규모가 가장 큰 지진은
리히터 규모 9.5의 칠레 지진으로,
9백여 명의 사상자를 내기도……

리히터?
리히터가 뭐지?

리히터가
뭘까나~?

……

졸음 쓰나미

육지를 덮친......

툭

드르렁 쿨○○○

하아…….

어어억!

꿈인가?

현실인가?

준비물을 까맣게
잊고 있었어!

아무리 화가 나도
실험 준비물은
챙겼어야 했는데…….
나 같은 천재가
이런 어이없는
실수를 하다니!!

아니야.

어, 어쩌면 그 자리에
그대로 있을지도 몰라!

그래! 얌전하게 날
기다리고 있을 거야!!

어디 보자, 약속 시간까지 6분이나 남았군!

1분 30초 만에 준비물을 찾아서!

역시 그대로 있었어!

2분 만에 중크롬산암모늄을 찾은 뒤,

한 곳에 모여 있구나!

약속 장소까지 2분 만에 가면 30초나 남지!

다들 늦었네~

하 하 하 하

완벽한 계획이야!

시간은 넉넉하지만 그, 그래도 달려 볼까?

쳇.

지만이 녀석, 들어왔나?

하 아

하 아

응?

하, 할 수 없지.
용기 있게 대처하자.

실험인답게
실수를 인정하고,

하 하

이렇게 된 건 모두
하지만 때문이라고

정정당당하게
밝히는 거야.

터벅   터벅

우주가 늦는구나.

저기 와요.

그,
그게……

우주야, 여기!

준비물 챙기느라
힘들었지?

쿠쿵······

잘 찾아왔구나.

마침 데리러 가려던 참이었단다.

그런데 무슨 일 있어? 표정이 이상해.

우선 실험복부터 입으렴.

크흑…

선생님, 죄송해요.

사실은…….

사실은 뭐?

그, 그게…….

준비물을 못 가져왔어요!

으앙~

잠시 뭘 좀 찾아보느라 길에 두고 갔는데,

부랴부랴 달려가 보니

감쪽같이 사라져 버리고 없었어요!!

모두……,
제 잘못이에요.

……

준비물이라면
저것 말이냐?

네?

어어?!

스윽

둥…

저게 어떻게
저기에 있지……?

지진 대처법

지구 상의 지진 중 80%는 아메리카 대륙 서쪽과 알래스카, 일본, 필리핀, 뉴질랜드까지 이어지는 환태평양 지진대에서 발생합니다. 하지만 지진대에 포함되지 않는 나라들 또한 지진에 안전하지 않으며, 지금도 크고 작은 지진이 전 세계에서 발생하고 있습니다.

지진 재해와 대책

지진 재해는 크게 지진 자체에 의한 1차 재해와 1차 재해의 영향으로 발생하는 2차 재해로 나눌 수 있습니다. 1차 재해는 지진이 일어났을 때 땅이 갈라지거나 건물이 무너지는 등의 피해를 말하고, 2차 재해는 1차 재해가 일어나면서 가스관이 터지거나 화재가 일어나는 등의 파괴와 이에 따른 사회적 혼란을 말합니다.

2008년 중국 쓰촨 성의 대지진.

1차 재해 대책

건물을 설계할 때 지진에 견디는 내진력을 강화하고, 진동이 구조물에 전달되지 않도록 방진 시설을 갖춰야 합니다. 또 지진 발생 즉시 피난 대책을 세워 인명 피해를 최소화하도록 합니다.

2차 재해 대책

2차 재해 중 가장 피해가 큰 것은 화재이므로, 그 피해를 키울 수 있는 가스나 석유 탱크, 화학 공장 등에는 지진이나 화재 등으로 인한 피해를 막을 수 있는 방재 시설을 효과적으로 배치해야 합니다. 이 밖에도 지진 발생 시 이용할 수 있는 대피 시설과 방열 기구, 비상식량 등을 미리 준비해 둡니다.

지진 발생 시 대피 요령

1. 사용하던 전열 기구 및 가스레인지를 끄고, 밸브를 잠궈 화재를 예방합니다.

2. 지진의 충격으로 문이 고장 날 수 있으므로, 실내에 머무는 경우 먼저 문을 열어 탈출구를 확보해 둡니다.

3. 공간이 흔들려 위에서 떨어지는 물건에 다치지 않도록, 책상이나 침대 아래 등으로 대피합니다.

4. 지진이 일어나면 전기가 끊기기 쉬우므로, 엘리베이터를 이용하지 말고 계단으로 이동합니다.

5. 무너지기 쉬운 벽과 기둥 등을 주의하고, 좁은 길이나 담 근처는 피해야 합니다.

6. 해안가에서는 해일에 대비하여 최대한 빨리 높은 지대로 이동합니다.

제4화

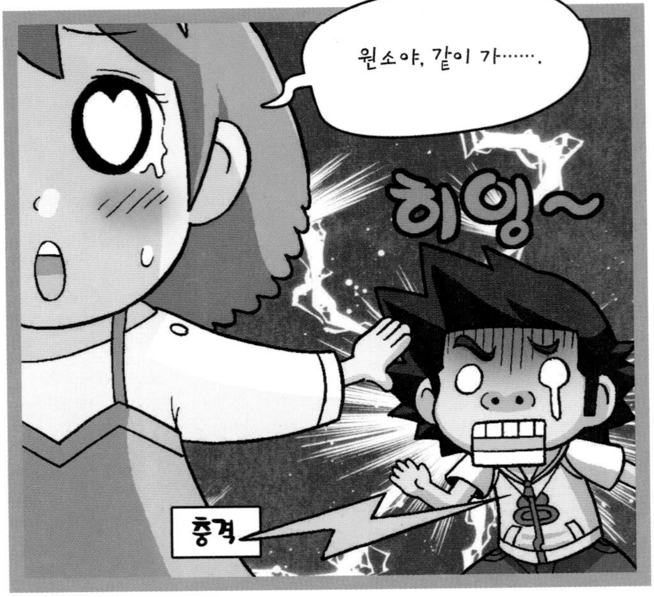

폭발의 수수께끼

으하하, 얄미운 태양초 교장 코가
납작해질 날도 머지않았군.
ㅋㅋㅋㅋ
헉!!
나를 뭐 어쩐다고?
둥…
후다닥
자네가 여기는
어쩐 일인가?
쿡…
내, 내가
왜 숨었지?
뭐가 이리
묻었나…….
그러는 자네야말로
여기까지 무슨 일인가?
후~
후~
쓱쓱쓱쓱

99

너희 중 서로에 대해 가장 잘 이해하고 있는 사람을 대표로 뽑을까 한단다.

실험반을 대표한다는 건,

실험반 한 명 한 명의 뜻을 대표한다는 걸 의미하지.

그래서…….

좋아요! 정정당당히 퀴즈로 선발하는 게 어때요?

이름하여 새벽초 실험반원 퀴즈 대회!

실험반 대표 선발

퀴즈도 좋지만,

상품 인터뷰

이번 시간에 서로 역할을 바꾸어,

실험을 진행해 보는 게 어떻겠느냐?

역할을… 바꾼다고요?

네에?

?

그래, 여기 모두의 이름표가 들어 있단다.

자기가 뽑은 이름표에 적힌 사람이 되어 실험을 진행하는 거지.

맡은 사람의 역할을 가장 잘 해낸 사람이 대표로 인터뷰를 하는 거다. 어떠냐?

다른 사람의 역할을 한다?!

그럼. 봉투에서 자기 이름을 뽑으면……

하던 대로만 하면 되잖아!

저 먼저 뽑을게요!

그, 그러렴.

전 실험계의 행운아니까요!

이번엔 제가……

이거 하나 남았구나.

특별히 우리도 투표에 참여해 결정을 도와주리다.

안절부절

그렇게 해 주신다면, 감사하죠.

쳇····

왠지 내가 불리해진 것 같아!

무조건 강원소

당연히 강원소

보나마나 강원소

자, 그럼 실험 장소로 이동해 볼까?

스윽

좋아요!

오 오 오

네, 선생님.

나란이

벼으조

하지ㅁ

라이는 실험반에서
가장 중요한 역할이야.
실험을 이해하기 쉽게 설명해 주고
모두를 격려해 주지.

아하~

스윽

나란이

실험
결과는……

지만이 역할이라면?
아. 항상 실험 보고서는
지만이 몫이었어.
그럼 이번엔 내가……

쓱
쓱

차지만

지만아, 보고서 작성할
노트와 펜 좀 빌려 줄래?

허지민

아, 그렇지!
여기 있어!

척

강원소

내가
잘 해낼 수
있을까?

범우주 역할이라……

우끼~

원소는 우리 팀의 핵심이잖아.
실험을 주도하고 실험에
응용된 이론을 설명하는 게
모두 원소의 역할인데……

흠……

범우주

이 실험은 폭발 위험이 있어서 학생들은 할 수 없는 실험이란다.

내가 직접 할 테니 너희는 떨어져서 잘 관찰하거라.

네!

화산 폭발… 실험은… 위험하다.

그런데 선생님, 화산 폭발은 마그마가 지각의 약한 틈을 뚫고 나오는 현상이고,

대류는 기체나 액체가 직접 이동하면서 열을 전달하는 거잖아요.

화산 폭발 실험과 대류가 무슨 관계인 거죠?

차가운 유체

뜨거운 유체

펑

휘이이이

나란이

움찔

아, 이럴 때 원소가 설명해 주었는데…….

관계가 있지.

잘 모르겠어…….

강원소

아…….

스윽

흠!

지금으로부터

46억 년 전, 지구는…….

이제 알겠어요!!

맨틀이 대류하면서 그 위에 떠 있는 판도 함께 이동하는 거군요?

아!

아니, 어떻게!!

저, 저 녀석이 판의 이동까지 알고 있지?

우주야, 판이 뭐야?

란이도 몰랐던 거야?

이번만큼은 내가 설명해야 해!

그, 그건 말이야!

분명히 필기해 놨을 거야. 'ㅍ' 나와라!

[ㅍ] 정보 없음!

응?

......

그, 그건, 그게......

113

세 번째, 석유를 뿌리고……．

자,

이제 헝겊 심지에 불을 붙이면…….

화륵...

달칵

아. 실험 결과다!

아얏!

휘릭

파라락

아휴. 잘못 넘겼네. 실험 결과를 놓치면 안 되는데…….

아!

멈칫

지만 ♡ 초롱 꿈은 이루어진다

이게 뭐지?

116

그럼 먼저 누가
화산이 폭발하는
이유에 대해
설명해 볼까?

후후후···

화, 화산
폭발은!!

강원소

그래! 아직
실험이 끝나지
않았어!

땅속의 마그마가
서서히 지표면을 향해
올라오다가

열과 압력을
더 이상 견디지 못해
지표면을 뚫고 터져
나오는 것입니다.

콰!

쿠쿠쿠···

마그마

용암

화산 폭발로 마그마가
지표 위로 올라오면
용암이 되는 거고요.

강원소

그렇다면 원소 역할을
맡은 학생!

지금 이 실험과
실제 화산 폭발의
공통된 원리도
잘 알고 있겠군?

호오···

움찔

네?!

123

125

간이 지진계 만들기

실험 보고서	
실험 주제	지진계가 어떤 원리로 지진의 진동을 기록할 수 있는지 간이 지진계 실험을 통해 알아봅니다.
준비물	❶흰 종이 ❷실 ❸사인펜 ❹고무찰흙 ❺철제 스탠드
실험 예상	추에 부착된 사인펜이 관성의 법칙에 의해 제자리를 유지하며 바닥의 진동을 기록할 것입니다.
주의 사항	❶ 철제 스탠드에 추를 매달 때, 사인펜 심이 종이에 닿을 수 있도록 실 길이를 조절합니다. ❷ 정확한 기록을 위해 추가 한쪽으로 치우치지 않도록 고무찰흙으로 중심을 잡습니다.

실험 방법

❶ 사인펜에 실을 감아 연결합니다.

❷ 사인펜 심의 끝 부분을 남기고 고무찰흙으로 사인펜을 단단히 감싸 추를 만듭니다.

❸ 철제 스탠드에 추를 매달고 흰 종이를 반으로 잘라 사인펜 심 아래에 놓습니다.

❹ 한 사람이 철제 스탠드의 아래쪽을 잡고 좌우로 빠르게 흔들면, 다른 사람이 종이를 천천히 잡아당깁니다.

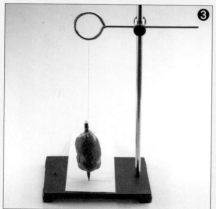

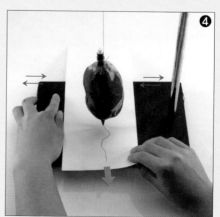

실험 결과

철제 스탠드의 움직임에 따라
흰 종이에 삐뚤삐뚤한 선이
그려졌습니다.

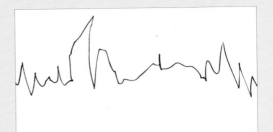

왜 그럴까요?

지진계는 관성의 원리를 이용하는 계측기입니다. 관성에는 정지해 있는 물체가
정지 상태를 계속 유지하려는 정지 관성과 운동하던 물체가 운동 상태를 계속
유지하려는 운동 관성이 있는데, 지진계에 이용되는 것은 정지 관성입니다.
고무찰흙으로 질량이 커진 추는 정지 관성에 의해 갑작스럽게 바닥을 움직여도
제자리를 유지하기 때문에, 바닥의 움직임에 따라 흰 종이에 선을 그리게 됩니다.
마찬가지로 지진이 발생하여 지진계의 모든 부분이 진동해도 추는 관성에 의해
정지되어 있으므로, 바닥이 움직인 방향과 반대 방향으로 기록지에 진동을
기록하는 것입니다. 이러한 수평 지진계의 원리를 용수철에 응용하면, 수직 방향에
대한 진동을 기록하는 수직 지진계를 만들 수 있습니다.

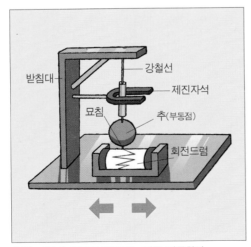

수평 지진계 좌우로 운동하는 파를 기록한다.

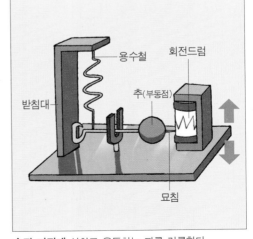

수직 지진계 상하로 운동하는 파를 기록한다.

G 박사의 실험실 2

화산 지형

조수……,
자네 먼저 가게.

박사님, 힘내세요!
정상에 올라 화산 연구를
마무리하셔야죠!

크흑, 난 틀렸어.
내 대신 자네가……

박사님의
못다 이룬
꿈을 제가 꼭
이루겠어요!

드,
드디어!

정상이다!
박사님, 제가 드디어
해냈습니다!

시원~하다!
화산 지형의
최고는 역시
온천이지~.

화산이 분출되면서
화산 주변에는
독특한 화산 지형이
형성됩니다.

화산 정상에는
움푹 파인 화구가
생기고, 간혹 화구에
물이 고여 화구호가
생기기도 하지요.

화구

화구호

우베헤베 화구

백두산 천지

용암이 폭발한 게
아니라 평평하게
흘러 만들어진
용암 대지도 있지.
개마고원처럼 말일세.

용암 대지

개마고원

용암이 지표면 가까이에서
천천히 식으면, 다각형의 '절리'가
만들어지기도 하고요~.

주상절리

하지만 무엇보다
지하수가 가열되어 만들어진
따뜻한 온천을 빼면 섭섭하지~.

새벽초 실험반의 힘

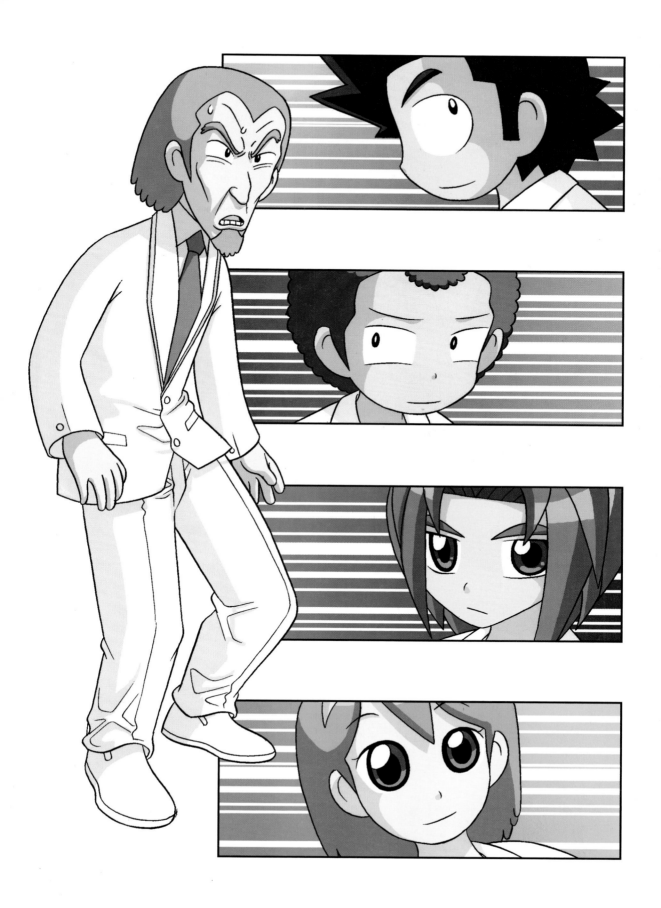

만약 제대로 알지 못하는 것을 안다고 착각하게 되면, 실험도 할 수 없고 그 속에 담긴 원리는 더더욱 알 수 없게 될 게다.

응?

이, 이건 뭐지?

화아아…

둥…

알 수 없는 기운이 느껴져.

모두 떨어져 있는데……,

전… 모르겠어요.

하나처럼 보이다니!!

저도 모릅니다.

큭…

모르는 게 당연합니다.

태양초에서는 한 번도 본 적 없는 이건 대체……?

오늘은 꼭 말하려고 했는데······.

네가 그걸 어떻게 찾는다 그래?

미, 미안.

두근··

우주가······

아, 아냐! 내가 말 못한 건

이 상처 때문이야!

이깟 상처가 뭐라고······.

오늘도 틀렸어······.

포기하지 마.

중얼··

오늘은 아직 다 지나지 않았어.

터벅

터벅

오싹!

폭발 원인이 다를 수 있다는 사실을 알게 되었을 겁니다.

내가 모르는 원인이 있을 수도 있단 말이지?

그래! 이 범우주 님께서 넓은 마음으로 이해해 주는 거야!

그게 뭔지는 모르겠지만⋯⋯.

바보야! 왜 그랬어?!

뭘?

그새 안경은 또 어디로 간 거야?!

더듬 더듬

어, 초롱이네? 왜 아직도 저기에 있지?

스윽⋯⋯

나 사실⋯⋯.

할 말이 있는데.

설마.

날 기다린 건가?

저기, 초롱⋯⋯.

번쩍

잡았다!

너! 자꾸
열 받게 할래?
어서 꺼지라고!!

화르르르

헉!

확

으악! 초롱아!!
왜 이래?!

어? 이 목소리는!

텁

바짝...

뭐, 뭐야······!

둥...

두근 두근 두근

우, 우주?

범우주!
틀림없이
범우주 맞지?

두근

으, 응?
그래, 나 맞아.
근데 너 초롱이
맞……

두근

두근

두근

다시 기회가 왔어.
이번에는 절대
놓치지 않을 거야!

두근

두근

범우주!

으응?

조심히 다뤄야 한다며.

아!

저…….
초, 초롱아.

이 금메달은 최선을 다한 나에게 주는 선물이었어.

이걸 받아 줘.
내 마음에 최선을 다한 날 위해서……

초롱이 팔의
상처……

둥‥

비커 깨진 게
그렇게 중요해?

초롱인 팔에서
피가 나고
있었다고!

아…….

초롱이 말은
듣는 둥 마는 둥
하고!

그래서 지만이가
그렇게 화를 낸 거였어.

헉‥

미안하지만,

이건
받을 수 없어.
난……

알고 있어!

우주가 좋아하는 사람은 따로 있지?

아, 알고 있다고?

너의 금메달은 네가 좋아하는 사람에게 줘.

하지만 이 금메달은 내 거니까,

......

내가 좋아하는 사람에게 주고 싶어!

하지만 이렇게 소중한 걸······.

휙

이제 됐어!

우주를 좋아하는 나 자신에게!

당당해진 거야!

성큼 성큼 성큼 성큼

뭐가 뭔지 하나도 모르겠어.

이제 어떡하지?

나는 일편단심인데……, 바람둥이가 아니라고.

게다가 초롱이는 지만이가 좋아하는…….

중얼 중얼

또 준비물을 놓고 가는 겁니까?

아차!

내 준비물!! 또 잃어버릴 뻔했네!

두리번

천재원!
당장 안 나와?

두리번

······.

나와서
진실을
밝히라고!

크흑~. 지금은
그럴 기분이
아닙니다.

흘쩍

흘쩍

흘쩍

그렇게 멋진
초롱이의 고백을
듣다니!

그 상대는 나였어야
한단 말입니다.

대체 어디 숨은 거야?
야! 천재원!!

두유로 보는 판의 이동

	실험 보고서
실험 주제	두유 막을 통해 지구 표면을 이루는 여러 개의 판이 움직이는 현상을 관찰할 수 있습니다.
준비물	❶ 두유 ❷ 약숟가락 2개 ❸ 뜨거운 물 ❹ 작은 수조 1개 ❺ 큰 수조 1개 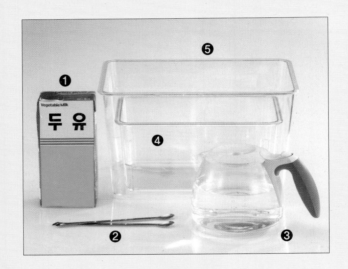
실험 예상	두유 막을 움직였을 때 생기는 막의 변화로 판의 이동 모습을 알아볼 수 있을 것입니다.
주의 사항	❶ 뜨거운 물에 데지 않도록 주의합니다. ❷ 형성된 두유 막은 쉽게 가라앉거나 사라질 수 있으므로, 주의해서 실험합니다. ❸ 두유에 홍차 티백을 넣어 우려내면 두유 막이 더 잘 보입니다.

❶ 작은 수조에 두유를 부어 3분의 2
　가량 채웁니다. 큰 수조에 뜨거운
　물을 부은 뒤 두유가 들어 있는
　작은 수조를 넣습니다.

❷ 데워진 두유의 윗부분에 막이 생기면
　약손가락 끝을 이용해 막을
　두 조각으로 나누어 움직임을
　관찰합니다.

❸ 두유 막 한쪽을 다른 막 아래쪽으로
　살짝 밀어 넣은 후 관찰합니다.

실험 결과

❶ 막과 막 사이에 새로운 막이 생깁니다.

❷ 막을 두유 속으로 밀어 넣으면 계속
　밀려 들어갑니다.

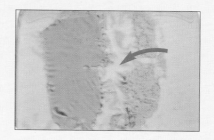

왜 그럴까요?

지구의 지각은 여러 개의 판으로 덮여 있으며, 이 판들은 맨틀의 대류에 의해
아주 천천히 이동합니다. 두유 막을 두 조각으로 나누면 그 사이에서 새로운
막이 생성되는 것처럼 서로 멀어진 판 사이의 공간에 마그마가 상승하여
주변보다 높은 해령이 형성됩니다. 또 두유 막이 서로 부딪힐 때 한쪽 막이
다른 막의 밑으로 밀려 들어가는 것처럼, 실제로 지구 위의 판도 다른 판과
부딪히면 구부러져 위로 솟거나 아래로 가라앉게 됩니다.

제6화

다시 만난 초대륙

어,
쟤는…….

아…….

범우주!
여기서 뭐 하는
거야?!

그래서!

진동은 소리를
전달한다…….

헉, 얘…….

이렇게 어두운데 글씨가 보여?

......

아니! 해가 언제 진 거야? 좀 전까지는 엄청 환했는데!!

잠을 자든 책을 읽든 들어가서 해!

조, 조심해서 들어가.

유진, 잠깐만! 지금까지 널 기다리고 있던 거야!

나, 나를......? 왜......?

왜냐니? 당연히 할 말이 있어서지!

......

......

으, 응......

다행이다!
그래, 그거면 됐어!

무슨
소리야?

나는 우리가 대결 후에도
변함없이 친구였으면 좋겠어.

그게 내 바람이야.

아, 저기......

나, 나는 우주야,
너 때문이 아니라, 그게 저......

이제
나도 알아.

지구의 땅덩어리는 하나 같지만, 사실은 여러 개의 판으로 갈라져 있어.

이 판들이 충돌하거나 멀어지는 경계에서 지진이 일어나지.

응?

그러니까 내 말은 판과 판이 서로 부딪히는 것처럼,

팀이 다른 우리가 부딪히는 건, 어쩔 수 없는 일이라는 거야!

그러니까 내일은 우리 각자 최선을 다해 대결하자고!

아…….

그럼 내일 봐~.

우주야…….

처음이야.
원소가 10분이나
먼저 나와 있는 거.

몸이 가벼워서
일찍 깬 것뿐이야.

다행이다.

으, 응.

......

......

오, 오늘

날씨가
정말 좋다.

중얼‥

......

그때
내 말……

신경 쓰지 마.

워.
원소야……

175

삐이익~
삑삑

깜짝

하나!

둘!

둥

하나!

둘!

이렇게
중요한 날!

오늘 대결은
본선 진출의
마지막 발판!

버럭

왜! 두 사람뿐인가?

다른 둘은 지금
지저분한 일로
다투고 있어요.

아마 좀
늦을 거예요.

뭐라고?

다퉈?
우주와 지만이가
싸운다고?

힉!

이제 다 모였으니 뇌 활동에 좋고 긴장을 풀어 주는,

'기적의 승리, 5분 맨손 체조'를 시작하겠다!!

모두 준비됐나?

팔을 움직이면 뇌가 활동해요?

오~, 종군.

손바닥은 아래!

시선은 천장으로!!

왼발 앞으로!

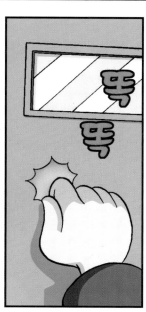

실례합니다.
여기 범우주라고…….

아……,

있군요.

띵~

자, 잠시 몸 좀 풀었어.

그런데 무슨 일이야?
설마, 염탐?

파닥

파닥

척

염탐은 무슨~.
이거나 받아!

이게 뭐야?

설마 적진에서
보내는
폭발물……?!

쿵

쿵

으아…

우리는 친구라고! 만나면 반갑고, 어려울 때 서로 도와주기도 하는 친구 말이야!

난 그것도 모르고 푼수 짓을……

하긴, 그런 성격이 유진의 장점이기도 하지.

멍··

이만 갈게. 대결장에서 보자!

철컥

준비물을 챙겨 준 게 유진이었구나~.

왁···

그런데 그건 뭘까?

아!

글쎄……

부스럭

부스럭

응?

186

두 사람 덕분에 몰랐던 걸 알게 됐어.

이제 알겠어!

날 위하는 마음과 친구를 위하는 마음…….

둘 다 중요하다는 걸 말이야!

휙

히죽

?

지구의 구조

지구의 실체가 밝혀진 것은 20세기에 이르러 지진파를 연구하면서부터입니다.
지진파는 지구 내부를 통과하면서 상태에 따라 전파 속도가 달라지는데, 이것으로
지구의 내부가 서로 다른 물질이 층을 이루고 있다는 사실을 알아낸 것입니다.
반지름이 약 6,400km인 지구는 중심부로 가면서 지각, 맨틀, 외핵, 내핵의 층으로
이루어져 있으며, 각 층은 성분 물질의 종류가 서로 다르고 내부로 갈수록 밀도와
온도가 증가합니다.

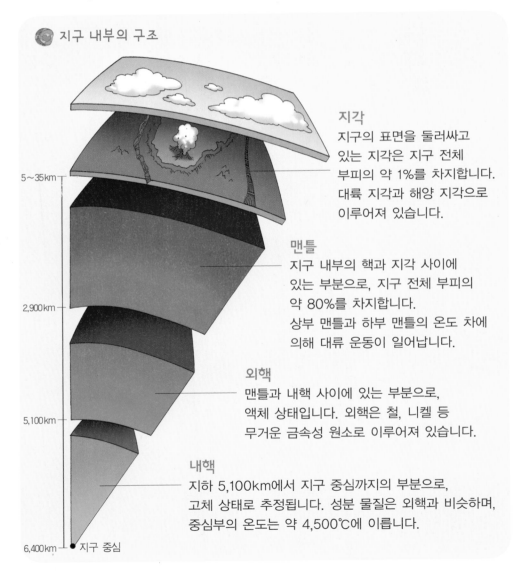

🌐 지구 내부의 구조

지각
지구의 표면을 둘러싸고
있는 지각은 지구 전체
부피의 약 1%를 차지합니다.
대륙 지각과 해양 지각으로
이루어져 있습니다.

맨틀
지구 내부의 핵과 지각 사이에
있는 부분으로, 지구 전체 부피의
약 80%를 차지합니다.
상부 맨틀과 하부 맨틀의 온도 차에
의해 대류 운동이 일어납니다.

외핵
맨틀과 내핵 사이에 있는 부분으로,
액체 상태입니다. 외핵은 철, 니켈 등
무거운 금속성 원소로 이루어져 있습니다.

내핵
지하 5,100km에서 지구 중심까지의 부분으로,
고체 상태로 추정됩니다. 성분 물질은 외핵과 비슷하며,
중심부의 온도는 약 4,500℃에 이릅니다.

5~35km

2,900km

5,100km

6,400km — 지구 중심

맨틀 대류

맨틀을 구성하는 암석은 고체이지만
액체와 같은 유동성이 있어서, 지구
내부의 열을 전달하는 대류 현상이
일어납니다. 맨틀은 지각으로부터
약 650km 깊이를 경계로 상부
맨틀과 하부 맨틀로 나뉘는데, 핵과
가까운 하부 맨틀은 핵의 열 때문에
온도가 높고 밀도가 낮아 상승하고,
지각과 가까운 상부 맨틀은 식어서

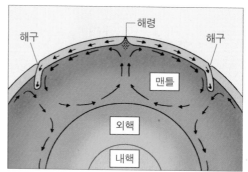

맨틀 대류 맨틀의 대류는 바닷속 다양한 지형을
형성하고, 거대한 대륙을 이동시키는 원동력이 된다.

밀도가 높아져 가라앉습니다. 이러한 맨틀 대류에 의해 해령에서는 새로운 판이
생성되기도 하고, 해구에서는 판이 밑으로 가라앉기도 합니다.

판의 운동

지각을 이루는 여러 개의 판들은 맨틀의 대류에 의해 조금씩 움직입니다. 이에 따라
다양한 지각 변동이 일어나며, 주로 판과 판이 상호 작용하는 판의 경계부에서
집중적으로 발생합니다.

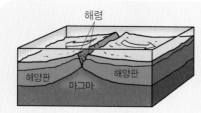

확장 경계
주로 두께가 얇은 해양판의 틈을 통해 빠져나간 마그마가
차가운 바닷물에 의해 냉각되며 만들어진다. 이때 생성된
새로운 지각 사이로 마그마가 계속 분출되면, 판이 점점
멀어지며 확장 경계가 된다.

수렴 경계
판과 판이 충돌하는 지역에서 만들어지는 경계이다.
대륙판끼리 충돌하면 히말라야 산맥과 같은 대습곡
산맥이, 해양판끼리 충돌하며 해구가 형성되며,
대륙판과 해양판이 충돌하면 해구나 습곡 산맥,
화산호가 형성된다.

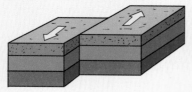

유지 경계
두 판이 서로 반대로 미끄러져 지나는 판의 경계로,
지표에서 가까운 곳의 천발 지진이 발생하며, 판이
새롭게 생성되거나 소멸되지는 않는다.

지진

지진은 지구의 지각이 갑자기 격렬하게 움직이는 현상을 말합니다. 지진이
일어나면 육지가 흔들려 건물이 쓰러지고 다리와 도로가 끊기거나, 심하면 땅이
갈라지기도 합니다. 이러한 지진은 대부분 판끼리 부딪히거나 판이 다른 방향으로
서로 미끄러질 때 일어납니다.

지진파

지진파란 지진이 일어날 때 발생하는 진동을
말합니다. 지진파는 다른 물질에 부딪히면
반사되거나 굴절되는 성질이 있으며,
통과하는 물질의 종류에 따라 빠르기도
달라집니다. 지진파는 크게 지구 내부를
깊숙이 통과하는 실체파(P파, S파)와
지구 표면을 따라 전달되는 표면파(L파)로
나눌 수 있습니다.

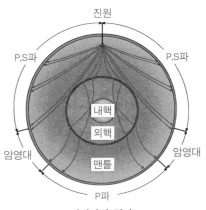

지진파의 전파.

지진파의 종류	속도	통과 가능
P파	가장 빠름	지구 내부의 고체, 액체, 기체 등의 모든 매질을 다 통과할 수 있다.
S파	두 번째로 빠름	지구 내부의 고체 부분만 통과할 수 있다.
표면파(L파)	제일 느림	지구 표면을 따라 전달되어 가장 큰 피해를 입힌다.

규모와 진도

지진의 피해를 나타내는 척도는 지진의 세기를 나타내는 '규모'와 지진의 피해
정도를 나타내는 '진도'가 사용됩니다. 규모는 지진의 절대적 강도이며 진원지에서
멀어질수록 그 강도가 약해집니다.

끄아악~, 엄청나!
진도 100은
되겠다!

반면 진도는 지진을 경험한 사람들이 느낀
주변 물체의 흔들림 정도 등을 주관적으로
관측하여 등급을 매긴 것입니다. 지진의
피해를 입은 곳에서 그 피해의 정도를
나타내기 위해서는 진도를 사용합니다.

화산

지구 내부에는 암석이 녹아 생성된 고온의 마그마가 존재하며, 이 마그마가 지각의 약한 틈을 뚫고 지표 밖으로 뿜어져 나오며 화산이 생깁니다. 이러한 화산 활동은 많은 피해를 주지만, 토양을 비옥하게 하고 지구 내부의 암석을 순환시키는 등 긍정적인 역할을 하기도 합니다.

화산의 분화

지하 깊은 곳에서 생성된 마그마는 지하 약 50km~200km에서 암석이 부분적으로 가열되어 녹아서 액체 상태가 됩니다. 마그마는 주위의 암석보다 온도가 높고 비중이 가볍기 때문에 서서히 상승하며 지하 10km~20km 깊이에서 모여 마그마 굄(magma chamber)을 이루었다가 지표면으로 분출됩니다. 지표면 밖으로 분출된 마그마를 '용암' 이라고 부르며, 이때 용암의 온도는 700℃~1,200℃에 이릅니다.

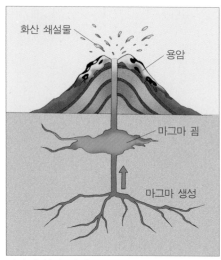

화산의 분화 과정.

화산의 종류

화산은 모두 화산 활동으로 생기지만, 그 모양은 제각각 다릅니다. 화산의 모양은 용암의 종류와 분출 방식에 따라 구분되며, 대표적으로 순상 화산, 성층 화산, 종상 화산 등이 있습니다. 순상 화산은 용암의 점성이 작아 잘 흘러내려 모양이 완만하며 제주도 한라산이 대표적입니다. 성층 화산은 용암과 화산 쇄설물이 번갈아 층층이 쌓인 것으로, 주로 규모가 크며 일본 후지산이 이 형태에 속합니다. 종상 화산은 용암의 점성이 커서 잘 흘러내리지 않아 경사가 급하며, 제주도 산방산을 예로 들 수 있습니다.

순상 화산

성층 화산

종상 화산